靈修著作精選 | 盧雲系列 |

盧雲靈思集．歸心，歸回上帝的時刻

盧雲——著
莫格巴 主編
黃大業 譯

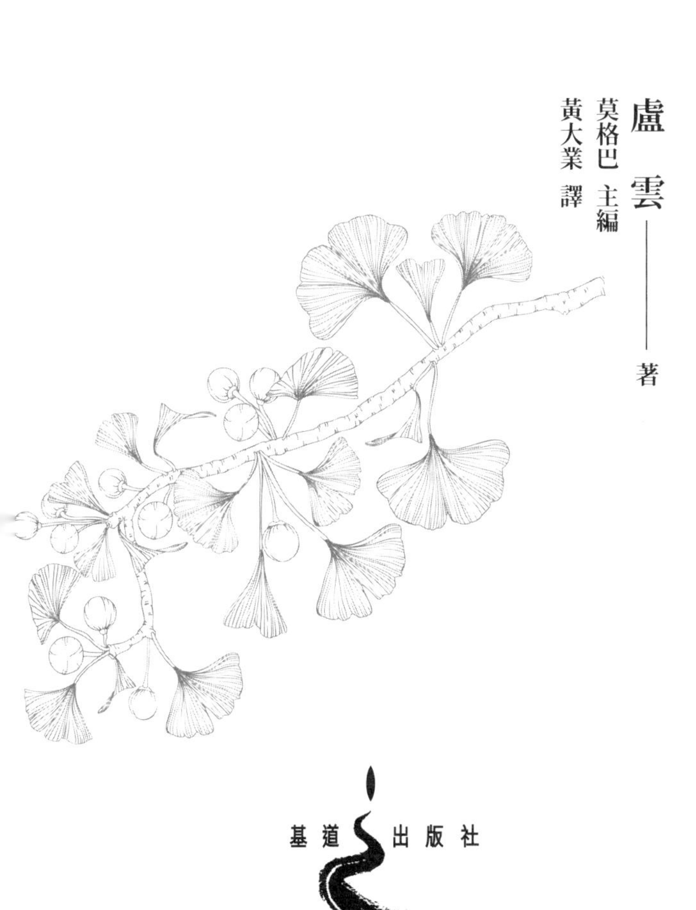

基道出版社

▼

靈修著作精選 • 盧雲系列

盧雲靈思集・歸心，歸回上帝的時刻

A Spirituality of Homecoming

作者

盧雲 Henri J. M. Nouwen

英文版系列主編

莫格巴 John S. Mogabgab

譯者

黃大業

責任編輯

余雪

裝幀設計

奇文雲海・設計顧問

■

出版／發行

基道出版社

香港沙田火炭坳背灣街 26 號富騰工業中心 10 樓 1011 室

LOGOS PUBLISHERS

Unit 1011, 10/F, Fo Tan Ind. Centre, 26 Au Pui Wan St., Shatin, Hong Kong

電話：(852) 2687-0331　傳真：(852) 2687-0281

網址：https://www.logos.com.hk

承印

嘉昱有限公司

●

4/2018 初版

Cat. No. LP666

ISBN: 978-962-457-557-6

Published by Upper Room Books

This Edition published by arrangement with Upper Room Books, Nashville, TN

Printed in Hong Kong

刷次	10	9	8	7	6	5	4	3		
年份	2034	2033	2032	2031	2030	2029	2028	2027	2026	2025

目錄

《盧雲靈思集》緣起

盧雲（Henri J. M. Nouwen）一生尋索凡事的核心。他從不滿足於做生命的旁觀者，總要盡心盡力探索新經驗、新關係。他以赤子之心，滿懷熱忱地察看世界，確信可以在生命中發現那位無條件愛我們的上帝。盧雲的生命與事奉所呈現的不息志趣，幫助我們在日常生活中辨識上帝。

《盧雲靈思集》（The Henri Nouwen Spirituality Series）嘗試體現盧雲對當代議題

的慈悲心懷與關注。通過「盧雲學會」(Henri Nouwen Society)與「馬可樓事工」(Upper Room Ministries)的伙伴關係，這系列將盧雲生前所關心的議題，作出嶄新的梳理。深盼這系列每本小書皆可助你發現一事：在你的生活作息中，上帝與你親近——比你所想的更親近。

緒言

盧雲的著述經常提及要超越恐懼。很難忘記外子與我第一次與亨利（譯註：本文作者對盧雲的稱呼）面晤的情形，他呼喚我們坐進他的日本小房車，我們的心情可謂既害羞，又有些誠惶誠恐。但他開車不久，我們的恐懼很快就轉化了——化為魂不附體！亨利那富於表達的雙手，大部分時間都不在駕駛盤上！而他跟人聊天時，又總是盯著對方的眼睛——我寧可他盯著路面情況！亨利這樣的行為不是首次了，幾年前他試過開著新買的車只跑了幾條街，就把車撞得無法修復，這是眾所周知的舊聞了。

那一天，亨利與我們共享了恐懼、驚嚇，還有意大利薄餅。亨利興高采烈地帶我們去了一家他喜愛的意大利薄餅餐館，那裏的侍應都喊得出他名字。他讓我們有賓至如歸的感覺，很自在地與我們分享他的生命、焦慮、恐懼；他同時對我們的人生抉擇與經歷大感興趣，很親切地將我們引進一段親密的相聚時刻。

本書的主題是「歸家」(homecoming)。亨利提到首批門徒問耶穌住在哪裏，然後與

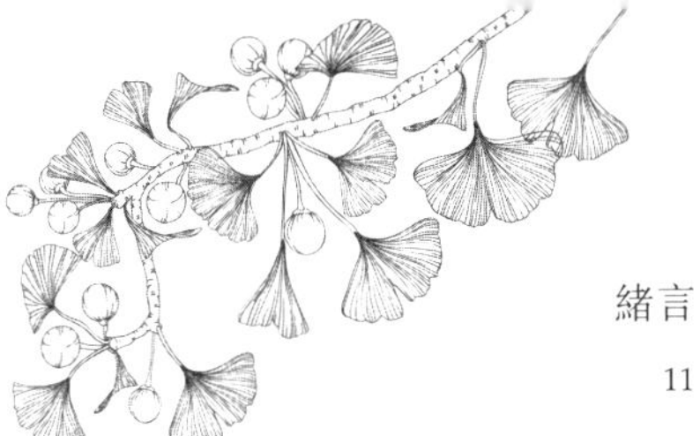

祂朝夕相對，加深對祂的認識。我常幻想：盧雲在今日世界會怎樣生活呢？他應該很快會發現一個弔詭的情況：世界的苦難、地區新聞、人際關係，統統因著即時全球通訊科技變得一觸即達，一目了然，卻又同時變得更遙遠、更受限——都不過是小小屏幕上的影像。亨利會敦促讀者放膽去尋覓意料之外的關係：「如果我們想找到耶穌，就要花時間與異於自己的人相處，還要傾聽他們的話。」

本書內容取自亨利一九八五年四旬期（譯註：新教稱為預苦期）在麻省劍橋市（Cambridge, Massachusetts）一系列的講道，當中論到：跟從耶穌乃是回應一個邀請，而這回應會引領我們歸家。亨利指出恐懼與創傷如何攔阻我們聆聽/回應耶穌的呼召；他又向我們發出挑戰：不但要效法耶穌，更要活出耶穌的樣式。

其時亨利一半時間在哈佛授課，另一半時間風塵僕僕，到處向大批羣眾宣講尋求社會公義的靈性根據。如此顛頓的生活不無代價，雖然亨利的學生緬懷亨利歸回其劍橋寓所的時光，但亨利形容自己內心「處於極幽暗的境地」。他說：「我發現自己禱告乏力，生活大致與世隔絕，而且腦中縈繞著重大而迫切的議題。」完成那些四旬期講道之後幾個月，亨利改弦易轍，再度回應耶穌的邀請：

「來吧！你們來看看！」亨利最後以「方舟團體」（L’Arche）為心之所歸，對他而言乃是歸家：

> 我在法國方舟團體所經驗的「在家」感覺，是不曾在耶魯、拉丁美洲或哈佛經驗過的。與殘障人士共處的，是毫無競爭的生活，他們對我的款待毫不關乎我的名聲與地位，我得到一個持續盤旋於腦中的邀請：「你就浪費一些時間在他們身上吧！」……這一切在我心中開拓了一個境界，是我前所未至的——在這境界裏我聽到耶穌柔聲呼喚，邀請我與祂同住。[1]

在本書中，亨利細意闡述跟從耶穌者的靈性——他因此在任何地方、每個地方都找到「家」，又因著勇於面對苦痛，發現隱藏其中的喜樂。這正是亨利一切著述的核心主題：不要害怕苦難——不論是你自己的還是他人的。亨利在本書只提及一個自己的經歷，但那經歷十分震撼。他描述在那抑鬱的日子裏，其時也許世上太多危急議題盤踞腦中吧，他覺得孤單而困乏，恰巧他在弗拉格斯塔夫（Flagstaff），於是去了大峽谷（Grand Canyon）一遊。在大峽谷中，亨利沒有興起跳崖的念頭，反而那些經歷百萬年而形成的層層沉積岩，成為撫慰他心靈的意象，令他

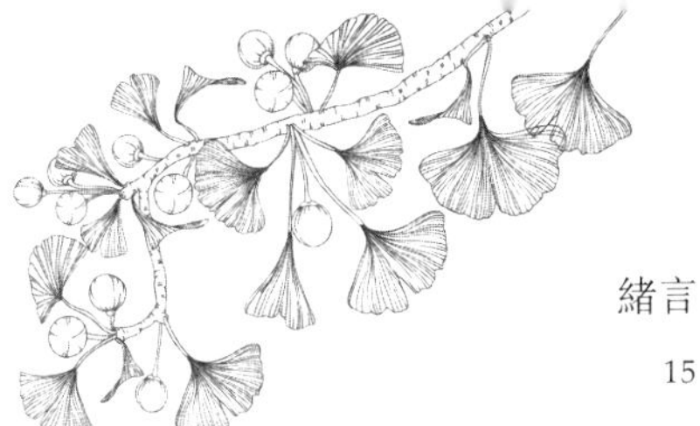

對人生產生新的觀點。在那無邊的浩瀚之境，亨利的哀愁化於無形。

本書所要講的，就是時刻與抉擇——上帝藉它們破除我們心中的障礙，使我們得自由。

雲妮—布朗
（Carolyn Whitney-Brown）
加拿大聖熱羅尼莫大學
（St. Jerome's University, Canada）

鳴謝

這是《盧雲靈思集》第四本書（編按：指本書英文版），它得以出版，我的馬可樓出版社（Upper Room Books）同工居功至偉：Jeannie Crawford-Lee、Rita Collett、Eli Fisher在我忙於筆錄亨利的講道錄音時，不斷給我鼓勵與支援。Nelson Kane設計的封面，恰如其分地表達了本書對讀者發出的邀請。盧雲著作基金會（The Henri Nouwen Legacy Trust）的Nathan Ball、Judith Leckie、Sue Mosteller

對本書的定稿提出了許多寶貴意見，謹此致以最深的謝意。最後，昔日亨利在「黎明之家」（Daybreak）的同工雲妮 · 布朗在百忙中（尤其是要為大學暑期課程備課）抽空為本書撰寫〈緒言〉，我對她的感激，實非筆墨能夠形容。

莫格巴

（John S. Mogabgab）

《盧雲靈思集》編輯

人若愛我，

就必遵守我的道；

我父也必愛他，

並且我們要到他那裏去，

與他同住。

約十四 23

家在心中

你會發現一種秩序，
還有一種熟悉的感覺，
它們加深了
你對留在家中的渴求。

《親愛主，牽我手》
（*With Open Hands*）

屬靈生命，是一趟邁向中心的旅程——在這中心，我們接觸到上帝的痛、上帝的愛；我們接觸到世界的苦痛、世界的盼望；我們也接觸到自己生命中的痛楚、照在自己困境中的光。在旅程中，我們要不斷抵擋令人分心、令人偏離中心的事與物。這些事與物絡繹不絕，名副其實要「佔領」我們。這也是一趟禱告的旅程，我們帶著聆聽的心，進入上帝的同在。

進入內心，

就是進入上帝的國。

《心靈之路》
（*The Way of the Heart*）

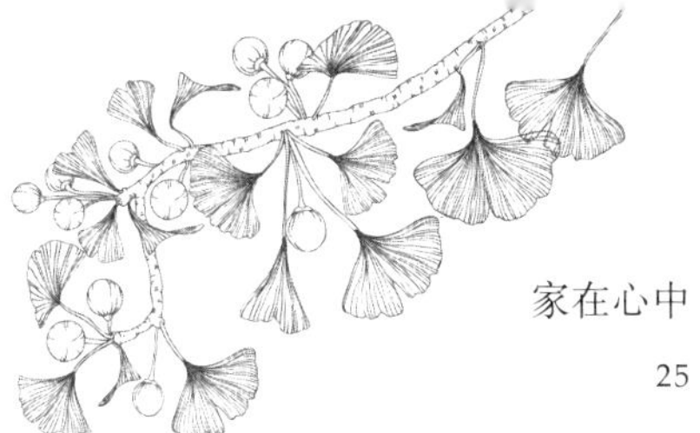

心，是存有的中軸，是我們心思靈魂之深處，涵蓋情緒與感覺、情感與熱忱，還有直觀、洞見、願景。心是最能體現人性的地方。因此，懂得聆聽的心，就是能夠按自己的本相與所有，向上帝赤誠敞開的心懷。這是對上帝極大的信任，也是自信的表現。

專心致志的生命，乃是將所見的一切、所聽的一切、所做的一切，都引向中心——更準確的說法是「歸心」——的生命。這是持續不斷的操練：要將一切歸心。這「心」不僅是我們的心，同時是上帝的心。當我們將一切引領到中心、引領到我們的心，就會發現這心就是我們與上帝相遇的地方。一切改變源於這裏，使我們不斷化作耶穌基督的樣式——耶穌是耶和華的義僕，為我們受苦。

上帝不在遙遠的天上，也不在未來的隱密處，上帝在此時此刻。上帝在我們當中居住——不但如此，上帝以我們為家，因此我們能夠以上帝的家為家。

跟從耶穌，我們就可以找到歸心、歸家的路。[2]

邀請

我們將要看見
恒久等候我們的那一位
正迎接我們歸家。

《你能飲這杯嗎？》
（*Can You Drink the Cup?*）

來吧！你們來看看！

約一 39

《新漢語譯本》

「來吧！你們來看看！」這是耶穌向施洗約翰的兩個門徒發出的邀請。他們怎樣回應？我們又怎樣回應？

施洗約翰是個硬漢，身穿駱駝毛的衣服，非常克己。他傳講悔改的信息，聲線冷酷嚴峻：「你們是罪人！要悔改！快快悔改！」

有一天，安得烈和另一門徒在施洗約翰身旁，這時耶穌經過。施洗約翰盯著耶穌，說：「看哪，上帝的羔羊，除去世人罪孽的」（約一 29）。約翰知道百姓必須悔改，卻也知道自己不能除去他們的罪孽。除罪不是人可以做的事，但施洗約翰看見耶穌，卻宣告說：「看啊，上帝的羔羊，除去世人罪孽的。」

施洗約翰的門徒跟了耶穌走。耶穌回頭，看見他們跟著他，就問他們：「你們要甚麼？」他們問：「祢住在哪裏？」在福音故事的起頭，我們聽到這個最要緊的問題：「祢住在哪裏？與祢在一起是怎樣的？」耶穌回答：「來吧，你們來看看。」耶穌和施洗約翰很不一樣——施洗約翰高聲呼喊：「你們要悔改！要悔改！」耶穌這位謙卑的僕人、這位溫

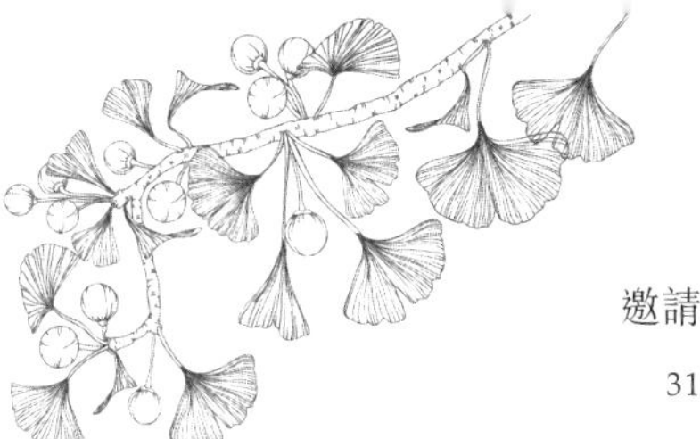

柔的上帝，卻不過邀請約翰的門徒去看祂的住處。耶穌邀請他們去看一看、去與祂在一起。門徒去了，那天整天與祂在一起。他們開始熟悉祂的住處。

耶穌是家主，祂想要招聚我們與祂一起吃飯；祂又是好牧人，為祂的子民擺設筵席，人人福杯滿溢（詩二十三篇）。祂不是冷酷嚴峻的主，而是上帝的羔羊，向我們說：「來啊，進我的家吧。」我們可以帶著這意象去讀整本聖經。上帝不斷邀請我們，一生一世住在耶和華的殿中（詩二十七4）。主想要成為我們的家，因此約翰福音的作者說「道成了肉身，住在我們中間」（約一14）。上帝住在我們中間，由此可見，上帝渴望我們回家，與祂在一起。「來吧，你們來看看。」

約翰福音的作者有將這意象延伸——稍後的篇章記載了耶穌的話：「你們要住在我裏面，我已住在你們裏面……」（參約十五4）。耶穌來了，先使**我們**成為祂的家，又邀請我們住在祂的居所。聖經記載了許多上帝做家主、樂意款待人的意象，原來如此：**我們**就是上帝的家，而且上帝邀請我們以上帝的家為家。我們的身體、手、臉、心，都成為我們與上帝自由同住的地方。

這個「家」的意象不斷延伸——耶穌說祂會去天父的家為我們預備地方，又會為我

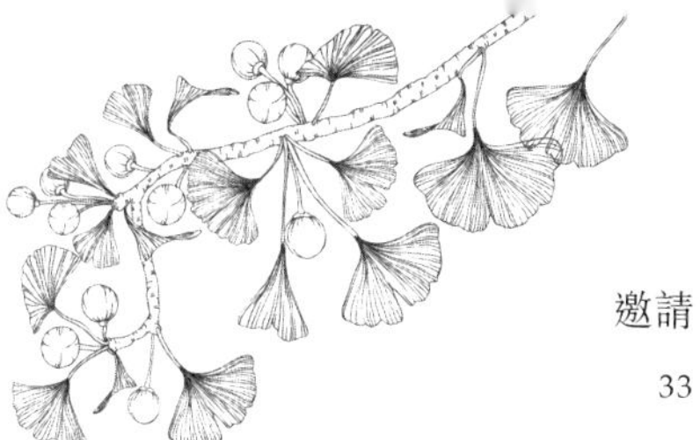

上帝想我們歸家。

《黎明路上》
（*The Road to Daybreak*）

們設宴。在天父的家，有筵席等候我們，席間福杯滿溢，眾人的生命將會是與上帝同在的歡慶。惟盼我們能漸漸領會主耶穌這邀請——「來吧，你們來看看。」——的深刻之處。

如何回應耶穌的邀請？我們可以用三個簡單的動詞表達這回應：**聆聽**、**祈求**、**居住**。

聆聽

如果約翰沒有宣告：「看啊，上帝的羔羊」，門徒可能不會留意到耶穌或跟從耶穌。換言之，我們似乎不能單靠自己找到耶穌。

有人會指耶穌出來。有時候我們必須留心聆聽，因為指耶穌出來的人，可能一點都不熱情，也不引人注目，又或跟我們不投契。我們可能對那人頗有成見，但仍要聆聽那人的話，雖然他可能太窮、太有錢、口音奇特、衣飾異樣、講另一種語言。我們要找到耶穌，就要花時間跟不同的人相處。我們要好好聆聽。

祈求

然後我們要問：「祢住在哪裏？」重要的是，我們要渴望知道耶穌是誰，渴望尋找祂，渴望與祂在一起。我們要不斷說：「主啊，我不肯定自己是否想跟從祢。我聽過許多關於祢的事，求祢讓我看見祢的住處，讓我到那裏親眼看看。我想認識祢更多啊。」這是禱告的起點。耶穌喜悅我們這樣禱告。祂希望稱我們為朋友，而不是僕人。祂希望我們知道祂所知道的一切，就是祂從天父聽來的一切（約十五 15）。我們要祈求這種親密關係。我們不應該怯於祈求。

居住

第三個回應是居住。約翰的門徒與耶穌

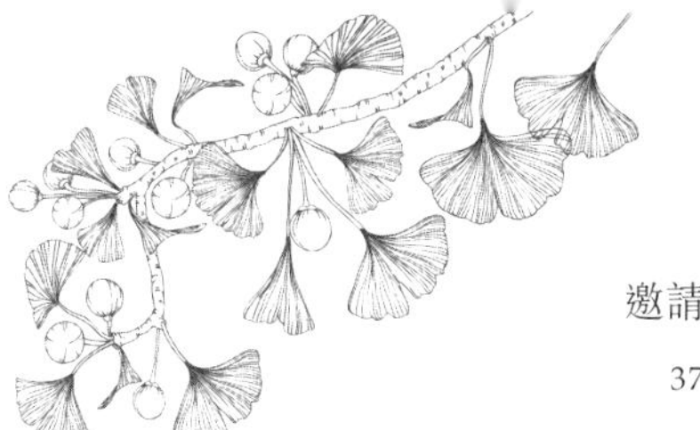

在一起，直到同一天下午四點鐘。我們必須與耶穌同住，聆聽祂的話，跟祂慢慢熟絡。假若要成為祂的門徒，就要心甘情願地說：「主啊，這半個鐘頭讓我跟祢在一起。雖然我很忙碌，有很多事要做，但我相信祢愛我，想花時間跟我在一起。」要與耶穌同在。要安靜。要聆聽祂——祂邀請你去祂的家。漸漸地，我們會發覺自己不僅每天花半個鐘頭在祂的家裏，而是整天都在祂的家裏。我們會發現自己無論身處何地、所做何事，都在主的家裏。在禱告中與主同在，如此，我們就有能力處身於一個充滿敵意、暴力、競爭的世界，並且如同置身家中。

以上帝為家的最具體方法，

是禱告。

《愛勝過恐懼》
（*Lifesigns*）

呼召

跟從耶穌，
就是有分於
上帝持續不斷的自我啟示。

《慈心憐憫》
（*Compassion*）

來跟從我！

路五 27

《和合本修訂版》

靈性旅程迥異於英雄崇拜或治療風潮。後二者總是環繞著「我」進行。透過英雄崇拜，我可能在尋找一個替身，將我融入某個英雄的身分中。而在許多治療風潮中，我可能在尋找一種內在的和諧或醫治。當耶穌說：「來跟從我」，祂是在呼召我們不再緊抓「**我**」，學習對祂說：「主啊，我惟**祢**是從！」耶穌呼召我們離開「我」的世界，並且相信只要歸回上帝的同在，就會發現我們的真正身分。

從「怕的邏輯」到「愛的邏輯」

從福音書的一段記載，我們可以看見靈性旅程的方向。耶穌遇見西門、雅各、約翰的情景，是三人一整夜在革尼撒勒湖打魚後剛回來之時（路五 1～11）。其時羣眾渴望聽上帝的道，擁擠著耶穌，因此耶穌登上西門的船，請西門把船撐開，從船上教導人。

耶穌向人傳講上帝的國，那是一個萬事顛覆世俗的國度。在天國裏有福的人，是世俗看為邊緣的、不體面的人。新事開始出現，因為天國近了。

西門聽完耶穌講道，說：「很有意思的道

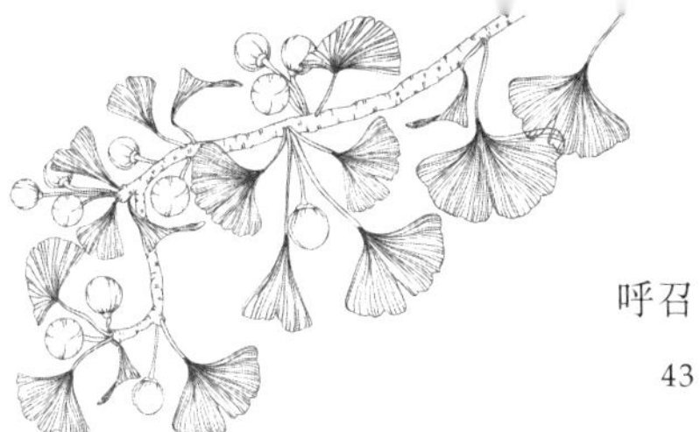

理哦！好吧，現在我們要回去做正經事了。」然而，當耶穌吩咐西門及其他人下網打魚，耶穌的意思並非要他們回到日復日的尋常生活——就像他們在耶穌傳講上帝的國之前所過的生活——而是要領他們走出舊生活、進入新生活。不過他們的反應（與我們的反應一樣），反映了他們的想法絲毫沒變。他們說：「噯，耶穌，祢不是漁夫，不懂得打魚啊。祢是傳道的！如果我們夜裏甚麼收穫都沒有，大白天更不會有吶！現在下網是不合常理的！」不過他們最後無奈地說：「可是嘛，既然祢說下網，我們就下網吧。」

門徒的反應其實出於尋常的邏輯。我們

我在看，我在聽——

但我看得見，聽得到嗎？

《尋找神聖中心》
（*Finding Our Sacred Center*）

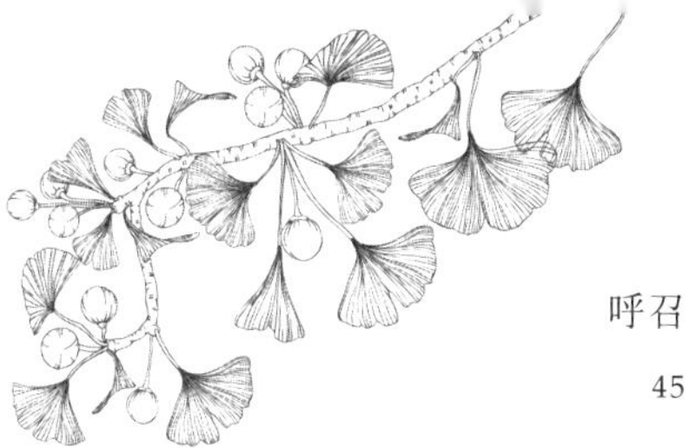

再三發現這邏輯。記得曾經有一大班羣眾、五個餅、兩條魚嗎（太十四 15～21）？耶穌說：「你們給他們吃的。」門徒回答：「主啊，五個餅、兩條魚，卻有一大羣人啊！不可能！」耶穌還是說：「你們給他們吃的」，就像耶穌說：「你們下網」。門徒下網，打得的魚，多到要把網擠破，遠超他們所需。五餅二魚的故事也一樣，耶穌不要人人只得一點餅，祂要人人吃飽——結果還有十二個籃子的零碎剩下！網得的魚呢？多到船也裝不下，令西門手足無措。

耶穌打破我們所知的尋常邏輯，將一切現實化為天國的現實。霎時間，這些漁夫不再身處世界的邏輯，而是走進了上帝的家的邏輯，這邏輯超越一切人類的邏輯。他們進入了一個嶄新的世界。

然後耶穌說：「來跟從我。不要害怕。我會使你得人如得魚。我會引領你踐行一種嶄新的生活方式。」因此門徒撇下所有，跟從耶穌。這個場景之所以重要，因為他們確然撇下了所有。我們總是不斷試圖把持著舊有的邏輯，但耶穌不斷打破它，要我們過新生活。我們害怕這樣的事發生，因為容讓耶穌進入生命的中心、進入我們的心，意味著失去生命的主權。如果我們所擁有的，不夠在這嚴酷的世間存活，那麼如何是好？耶穌

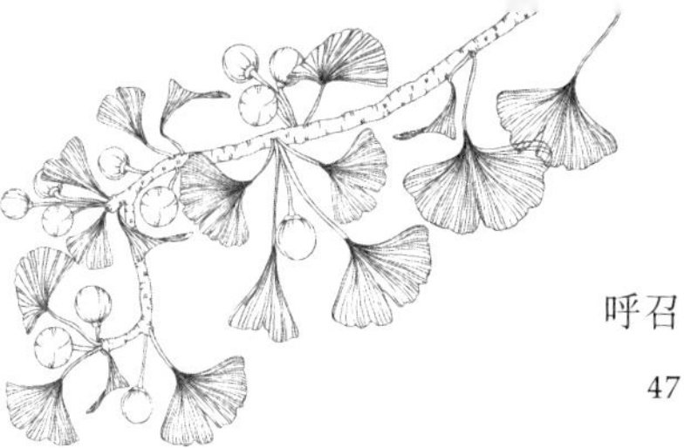

耶穌住在你心，

供應你一切所需。

《心靈愛語》
（*The Inner Voice of Love*）

所應許的現實，我們難以掌握，因為那現實關乎永生！祂的神蹟是永生的標記。耶穌問我們說：「你記得有多少餅剩下嗎？你記得網裏有多少魚嗎？我怎樣才可以令你信任我呢？我怎樣才可以令你相信，只要與我在一起，你就不會欠缺甚麼？」一次又一次，只要耶穌出現，我們所得的，都是超過我們所需的。我們的主是豐盛之主，祂呼召我們進入滿有自由、平安、喜樂的國——這是門徒最終相信耶穌、撇下漁網、跟從耶穌歸家的原因。

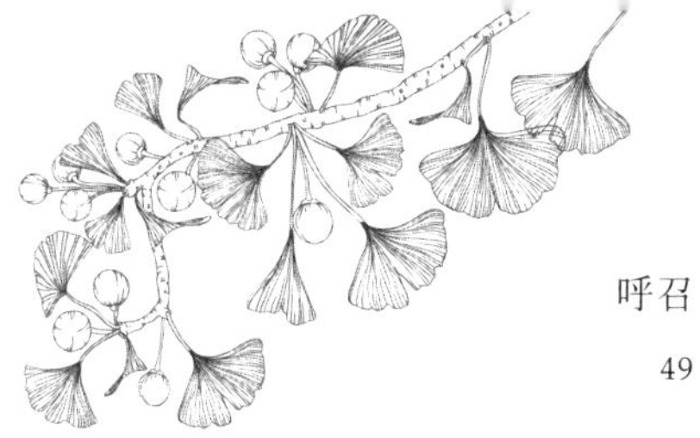

離開「我的」天地

我們又如何？我們對主的呼召的回應，可以是小步小步地踏出「我」的天地，逐步逐步地向主靠近。跟從主，不等於馬上採取戲劇化行動。太多時候，人都是問得偉大，知得渺小！「我是不是要奉獻一切，到海外宣教？」不！你只須踏出一小步，譬如說，對那些討你厭的人寬容一點！讓我告訴你一個有關屬靈生命的訣竅吧：與主親近的人，懂得怎樣不斷又不斷踏出小步。這是忠信生命的步履：只要在思想、言語、行為上不斷踏出小步，年月過去，就可以走得很遠，甚至走完一趟神奇的旅程。在旅途上，主的呼召會愈來愈清晰，我們的方向會愈來愈清楚。因此我們可以放心，耶穌吩咐我們歸家的每一步，其實就在腳下。

其次，我們要逐步遠離「我的」天地。這是衡量成效的準繩：我們所做的，是出於求生的恐懼，還是出於對主呼召——主吩咐我們不要怕只要愛——的信靠？我們所做的，是出於怕，還是出於愛？其實這個不難分曉。總要選擇愛！重要的是，我們不但要遠離諸般的恐懼，更要歸**向上帝**——祂就是愛；祂向我們宣告的，首先關乎**生命**，而不是患難、遷離、十字架。

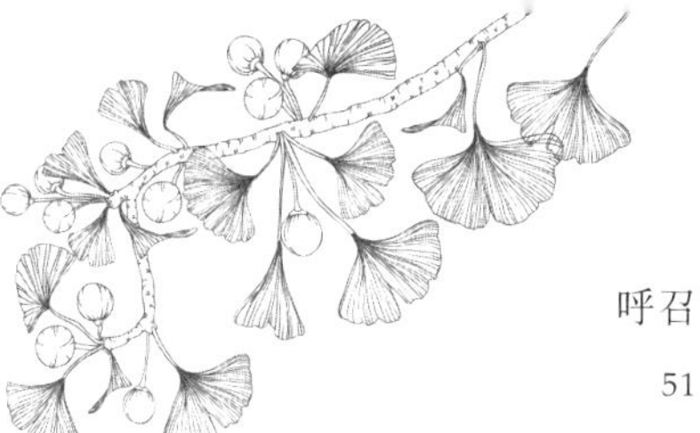

我們必須定睛在豐盛之主身上。禱告與默想的目的，是令我們可以定睛於祂。要建立屬靈生命，就要常常思念主，仰望主。屬靈生命不在於放棄甚麼，乃在於跟從哪一位——就是親近我們所愛的那一位。時刻毋忘那個邀請：「來吧！你們來看看！」如果我們真的**看得見**，熟知耶穌的美善，明白祂的美善乃是一個邀請——邀請我們去愛、去祂呼召我們去的地方——跟從祂就變得輕鬆了，因為我們被祂深深吸引。如此，西門彼得的話，會成為我們的心聲：「我們已經信了，又知道你是上帝的聖者」（約六 69）。

看見基督，
就是看見上帝，
看見人道。

《盧雲的聖像畫祈禱手記》
（*Behold the Beauty of the Lord*）

挑戰

愛是一種饒恕的行為——
將惡化為善，
將毀壞化為創造。

《愛中契合》
（*Intimacy*）

只是我告訴你們這聽道的人，

你們的仇敵，要愛他！

恨你們的，要待他好！

咒詛你們的，要為他祝福！

凌辱你們的，要為他禱告！

路六 27～28

跟從耶穌不等於模仿耶穌、複製耶穌的行事方式。模仿某人，不等於與那人建立親密關係。相反，跟從耶穌，要有專屬自己獨特的形式，去體現上帝的愛。跟從耶穌，要真實地活出自己的生命，正如耶穌真實地活出祂的生命。跟從耶穌，要捨棄自我，順從上帝的愛而行，正如耶穌向我們展現的。

愛我們的仇敵

愛我們的仇敵，是基督信仰的核心，也是耶穌向我們發出的挑戰。要明白耶穌、明白跟從耶穌歸家是甚麼意思，就要回應愛仇敵的呼召，這是我們最接近基督信仰核心的做法。

我們難以理解愛仇敵的呼召，也許是因為我們曲解了愛。我們的生命經歷，令我們看自己為困乏者，需要獲得關注、愛眷、影響力。這些需要極大，以致我們的生活圍繞著它們轉，整天都在試圖滿足它們，但這是必敗的遊戲，因為我們永不可能獲得足夠

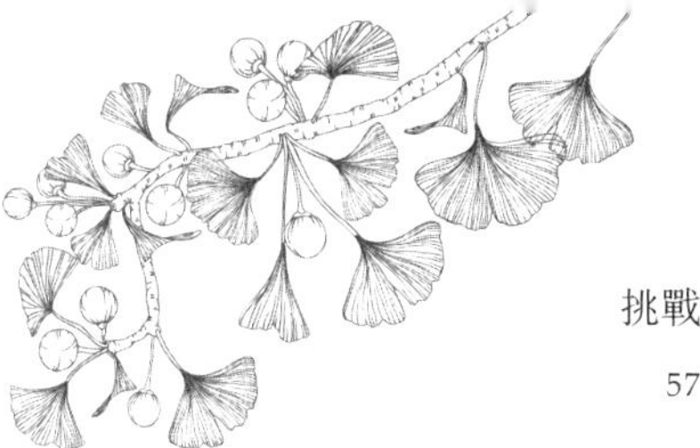

的關注、愛眷、影響力，足以滿足心底的需要。人若朝夕尋找根本不可能尋得之物，生活怎會不充滿張力？

我們為何如此困乏？我認為這源於一種受創的意識。我們懷疑自己，這懷疑源於一些很深、很早的生命經驗，令我們覺得原初真正的自己不獲接納。我們與真正的自己隔絕了。我們感到受創，因此自覺困乏，而在困乏中我們會傷害他人。困乏與創傷是互為因果的，這交互關係循環不已，世代相傳——這正是我們理解「愛」的背景。

福音正是要打破這困乏與創傷的關係鏈。耶穌的大好信息，乃是上帝先愛我們——我們能夠彼此相愛，無非是因為上帝先愛我們。耶穌呼召我們歸家，回到這起初的愛，這愛先於人類一切的愛。這是原初的福分、原初的接納、我們原初的家。基督徒的生命，乃是以上帝的愛去彼此相愛，而不是以困乏受創的愛去彼此相愛——這樣的愛只會導致彼此相害。

當我們打從心底確認了上帝所賜起初的愛，就能夠發現上帝也以這愛去愛其他人。當我對某人說「我愛你」，乃是指我與那人的相遇，令我能夠與上帝接觸——上帝與我同住，以我心為家。我們都蒙召去彰顯這愛。基督徒生命，就是為上帝所賜起初的愛作見

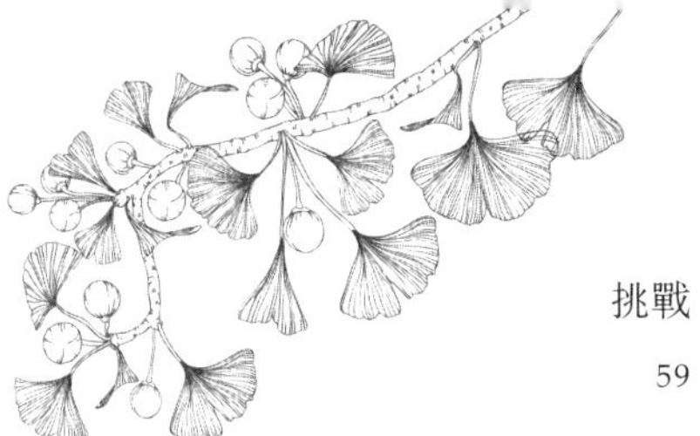

惟有與耶穌一起，
我們才可以到達滿有憐憫之地。

《黎明路上》
（*The Road to Daybreak*）

證的生命。對仇敵的愛，也是直接源於這生命。

對仇敵的愛，是衡量聖潔的準繩。二十世紀靈修大師、阿陀斯聖山長老息羅盎（Staretz Silouan of Mount Athos）說得好：「你為仇敵禱告，平安會臨到你。你愛仇敵，就可確定上帝大恩常駐你心。」[3] 愛仇敵是耶穌的生命特質，祂就算身陷釘十字架的極苦中，仍能夠向上帝說：「父啊！赦免他們；因為他們所做的，他們不曉得」(路二十三34)。

何謂仇敵？就是我們認定與我們作對的人，換言之，所有不支持我們的人。很多人都有一個奇特的需要，就是將世人分為敵人

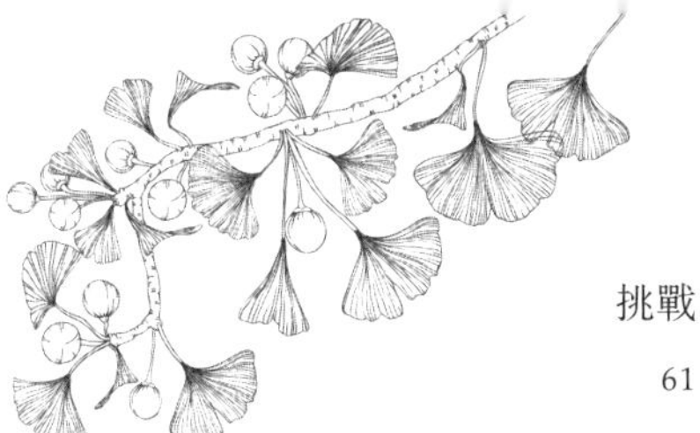

對仇敵的愛，

顯明我們屬於誰、

我們真正的家在哪裏。

《生命中的耶穌》
（*Letters to Marc About Jesus*）

和友人。很多時候我們的身分取決於有甚麼朋友——以及有甚麼仇敵！我們界定誰為仇敵，而仇敵也將我們區分。

福音的好消息是：上帝沒有仇敵。上帝對每個人的愛，乃是同樣的強烈。上帝「恩待那忘恩的和作惡的」（路六35），祂「降雨給義人，也給不義的人」（太五45）。上帝的愛一視同仁。假若我們想以上帝的愛——而非我們受創困乏的愛——彼此相愛，就必須再三回應主的呼召，化仇敵為朋友。馬丁．路德．金（Martin Luther King Jr.）說：「愛是惟一能夠化敵為友的力量。」[4]

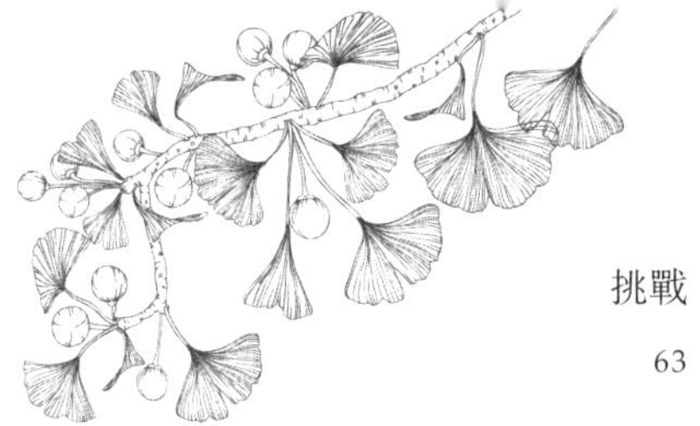

從仇敵得自由

仇敵有能力轄制我們。我們幾乎晝夜想著他們，因此失去自由。愛仇敵，可以令自己從仇敵得自由——這從愛仇敵、關懷仇敵開始。我們回應耶穌給我們的首項挑戰，是為仇敵禱告——這真的很難。由於仇敵存於內心，因此我們要處理的，其實是藏於心底的事。如果我們敢於進到心底仇敵所在的深處，慢慢地，我們的禱告就能將內裏的忿怒和憂慮轉化。當我們如此行，我們就是在自己的生命中活出上帝的愛。

要按你所知的真理而行。

《心靈愛語》
（*The Inner Voice of Love*）

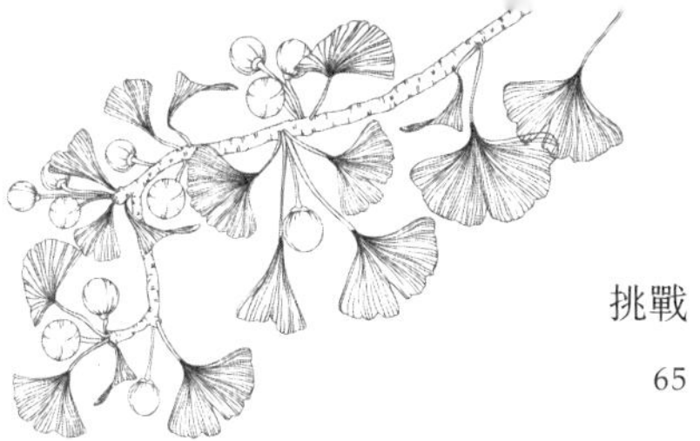

其次可以做的，是向與自己不和的人釋出善意，為對方做一些小服事。不要等到想去服事對方才做，卻要坐言起行——換言之，行動先於感覺，而醫治亦由此而來。我們不應讓情緒駕馭行為；相反，對上帝之愛的認識，才應該指導我們行事：**上帝有多愛我，祂也有多愛那人——雖然我很難相信這是事實！**

小小的愛心行動，表明我們渴望得醫治、願意修補關係，不論對方作出怎樣的回應。重要的是提醒自己：上帝有多愛我，就有多愛那人。我們可以確信一事：只要按所知的去行動，感覺隨後會跟上來——最終我們會發現，我們的感覺由知識塑造。這是重要的屬靈道理，尤其在今日這個感覺如此霸道的世界。

這正是我們的信仰及跟從耶穌的核心：我們要做自由人，從仇敵的轄制中得釋放，能夠以上帝的愛去愛每個人——可以再三饒恕人七十個七次（太十八22）。

創傷怎麼成為治療之源？

《負傷的治療者》
（*The Wounded Healer*）

你要背起你的十字架。

參太十一 28～30，十六 24～26，

二十七 31～38、45～50

我在前面說過，跟從耶穌不等於模仿耶穌；以下我要說另一樣：跟從耶穌，不等於從此免除艱難與掙扎。有人以為只要耶穌在心中，一切就變得美妙絕倫：耶穌有求必應，跟從耶穌就能解決所有難題。

事實上，跟從耶穌，意味著我們必須腳踏實地，不停掙扎。我們的生活，未必因為做了門徒就變得輕鬆；事實上，做了門徒，人生可能更為艱難。再者，如今的人生與以前的人生迥異，一切掙扎與苦痛亦與從前的迥異，因為我們不再獨自面對人生的掙扎與苦痛。跟從耶穌，我們的確仍要面對自己的人生，但從此多了一位同行者，祂全然體諒我們，是我們的嚮導、旅伴，又是可以信靠一生的對象。

跟從耶穌的代價，是背起十字架。我會先講耶穌的十字架，然後講我們的十字架，最後才講怎樣背起十字架。

耶穌的十字架

上帝以祂的道造出世界，萬有都從上帝

的道而生——所有的一切！上帝的道曾經成了肉身。保羅說得好：耶穌基督——上帝的道——不以「萬有藉著自己所造」的尊貴身分為強奪的，反倒虛己，成為我們的一分子。不但如此，祂更順服天父以至於死，且死在十字架上（腓二 5～8）。耶穌希望**全然**活出生命，甚至比我們更深刻地體會做人的境況——這顯明在祂以最荒謬的方式死去：祂是聖者，卻被赤身釘在十字架上，與罪犯同列。

耶穌說：「我若從地上被舉起來，就要吸引萬人來歸我」（約十二 32）。也就是說，過去、現在、將來的全人類，盡皆歸於基督受

祢的十字架已植根於這世界，

成為盼望的新標記。

《頌主慈聲》

（*A Cry for Mercy*）

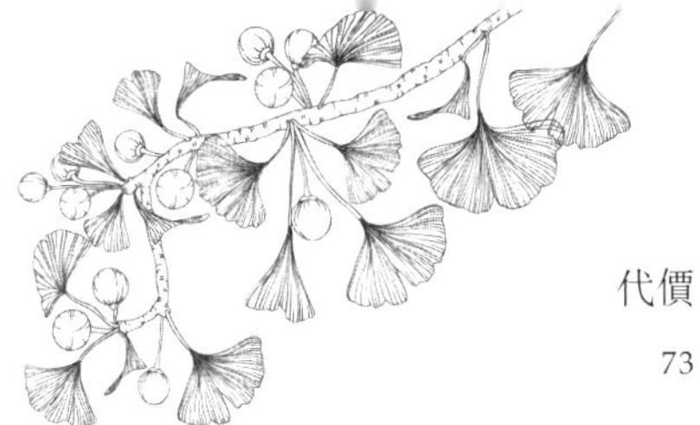

死與復活的奧祕中。全人類的死都被置於耶穌的死當中。人間一切苦難都在其中。

我們的十字架

我們的十字架是否沉重的擔子？其中一種沉重的擔子，來自世間的苦難——我們不斷被收音機、電視、報刊的苦難信息轟炸，這種苦難沉重得足以使我們變得被動與麻木——這可視為求生之道，不然根本難以承受箇中的痛楚。假若將一切苦難放在心上，很快就會寸步難移，又或怒不可遏，因為苦難的重量，會顯出我們對改變現狀無能為力。於是我們對自己說：「嘿，我無法理會這些事啊，家庭及工作已夠我受了，再無餘力處理其他問題呀！」

此外還有另一種重擔，不關乎重大議題，只關乎小事故及小麻煩，卻足以整天佔據我們的心思，就像牙痛一樣。那可能是某人、某事，或某個未實現的願望。上述大大小小事情加起來，讓我們覺得人生真是極大的重擔，整天都活在重壓之下。事實上，當我們將自己的擔子、自己的十字架抽離於上帝擔子的奧祕，就會變得愈加沉重——換言之，所謂重擔，乃是必須獨自背負的擔子。

耶穌說：「背起你的十字架來跟從我。

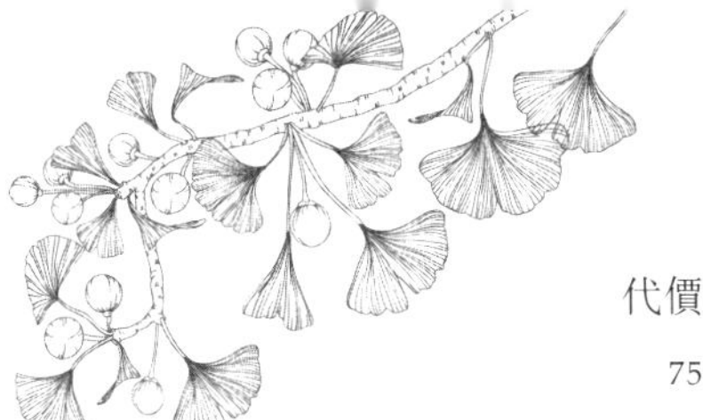

然而你要背負我的擔子——就是全世界的擔子，它是個輕省的擔子。」這正是基督徒生命的奧祕：在基督裏的上帝（God in Christ）並非要挪去我們的擔子——上帝以一種更珍重我們的方式對待我們。基督來，乃是邀請我們將自己的擔子與祂的擔子連在一起，將自己的受苦與祂的受苦也連在一起。基督徒生命中的重大邀請，乃是活出與上帝之子結連的生命：祂為我們而死，又希望將祂的擔子傳給我們——祂的擔子是輕省的，因為上帝已替我們背負。我們的苦難依舊磨人，但藉著與十字架結連，我們的受苦與基督的受苦合而為一，這種受苦引領我們到達嶄新的世界，那是我們的家。

背起十字架

背起十字架不等於追求苦痛，或自找麻煩。它首先是接受苦難的存在。我們應該從小問題而不是大問題開始：可能是某人今天不跟你說話，又或是你收不到盼望已久的來信——於是你感到受傷害。看見並接受小掙扎的存在，容許我們歸家，歸於上帝與我們同住的居所。然後我們不會那麼害怕接著有甚麼更大的苦難出現。人生就是這樣啊，苦難是人皆難免的，就讓我們接納它吧，

因為漠視人生之苦的人，也難以嘗到人生之樂。

跟從我

耶穌先說「背起你的十字架」，然後加上「來跟從我！這是做門徒的本分。你要與我結連，你要與上帝之道結連」。禱告的奧祕，在於持續與「上帝在基督裏的受苦」結連：「主啊，讓我全人進入祢的同在，帶著我一切的忿怒與苦痛，讓我的十字架與祢的十字架合而為一。我的擔子將成為祢的擔子，而祢的擔子將為我帶來新生命與新希望。」這是真正的禱告。惟願我們全人與主結連；祂已經受盡苦楚，並且得以復活，為我們帶來盼望。當我們與主結連，生命便不斷更新。我們於是找到歸家的路。

讓我與你分享一次背負重擔的經歷。其時我萬念俱灰，恰巧身在亞利桑那州的弗拉格斯塔夫（Flagstaff, Arizona），於是決定去大峽谷一趟。看著擁有數以百萬年歷史的沉積岩，矗立在年代比它們更久遠的大自然裏，我忽發奇想：假設人類的時間歷時只是一個鐘頭，我只不過在最後一秒的某一瞬間才出現啊。凝視著大峽谷那長闊高深的美，我問自己：**親愛的，你為甚麼要被那些問題困住**

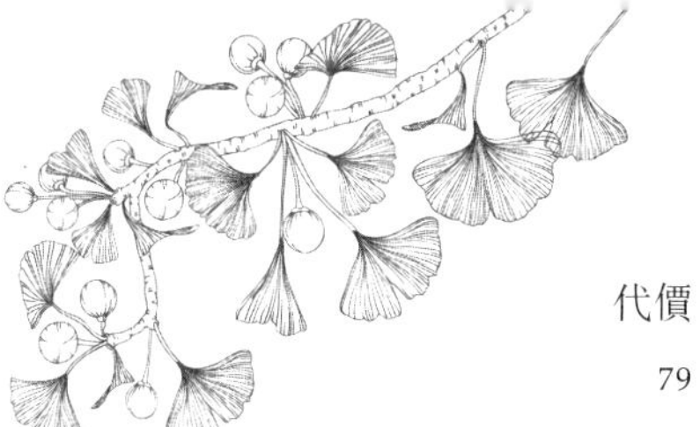

心與心對話。

《耶穌與馬利亞》
（*Jesus and Mary*）

呢？我的抑鬱逐漸消散。**在這一切面前，你在擔憂甚麼呢？你好像背負著全世界的擔子呢！在你出現之前世事如常發生，在你消失之後世事還是如常發生，你何不好好享受你如今獲賜的短短光陰呢？**

我看著大峽谷，就像看著地球的一道傷口，而這傷口能醫治我們。這個意象留在我心中很久，因為我領悟了一事：上帝就像大峽谷。上帝有一道傷口，是全人類的傷口；我若進入上帝大愛的深渺之處，我的傷口就會化為輕省的擔子。我明白到我可以面對自己的傷口，不致因它而裹足不前；我可以習慣它的存在，卻不致沉溺於傷痛之中。在上

帝的傷口面前，我知道自己蒙愛，這愛深渺無邊，足以領我歸家，進入上帝的生命中。

賞賜

喜樂，

是屬靈生命所必需的。

《念茲在茲》

（*Here and Now*）

這些事我已經對你們說了，
是要叫我的喜樂存在你們心裏，
並叫你們的喜樂可以滿足。

約十五11，亦參約十六
20下～22，十五9下

跟從耶穌的賞賜，是喜樂。喜樂人生就是不斷邁向新事、不囿於舊事的人生。喜樂關乎經驗活潑、不斷更新的人生。喜樂只有「新的」，沒有「舊的」。

喜樂與愛

這是福音的好消息：耶穌想我們獲得祂的喜樂。耶穌所應許的喜樂，與快樂截然不

真正的喜樂，
總想與人分享。

《傑納西日記》
（*The Genesee Diary*）

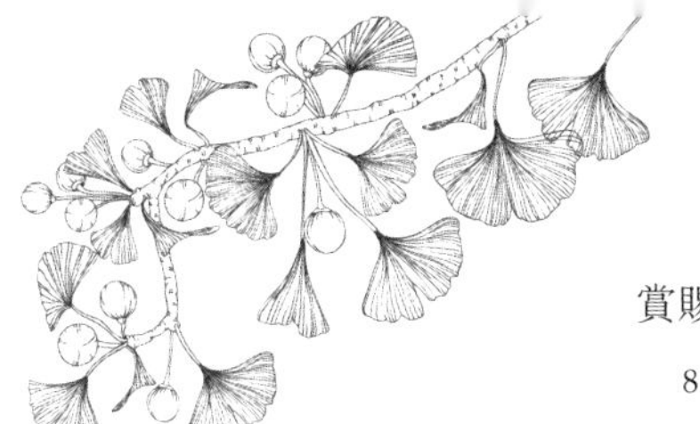

同。很多時候人們口中的「喜樂」，不過是痛楚暫時得到紓緩，這樣的「喜樂」，是不會與苦難共存的。然而世上偏偏有一些人，明明在極大的苦痛中，卻仍可以喜樂，因為在他們的苦難中，有另一樣更大的力量與他們同在。許多偉大的聖人——亞西西的方濟各（Francis of Assisi）、大德蘭（Teresa of Avila）、十架約翰（John of the Cross）——都明白一個道理：人間的苦難，令他們更能體會基督在十字架上所受的苦。因此，患難與喜樂不一定相悖。上帝的恩典可以將我們的苦痛帶到滿有上帝喜樂的地方，以至無論生活中遭遇何事，我們都可以嘗到上帝的喜樂。這就是愛的恩賜：「……叫我的喜樂存在你們心裏，並叫你們的喜樂可以滿足」（約十五 11）。

屬靈生命——在上帝的受苦中與上帝同在的生命——的精義，關乎與愛同在結連，這愛將化為我們心中的喜樂。我們必須認識這一點，並與喜樂結連，好叫我們以這一點為一切生活經驗的穩固根基。當我們的心歸屬基督，患難與喜樂在心中共存，我們就能勝過世界，正如基督勝過了世界（約十五 19，十六 33）。

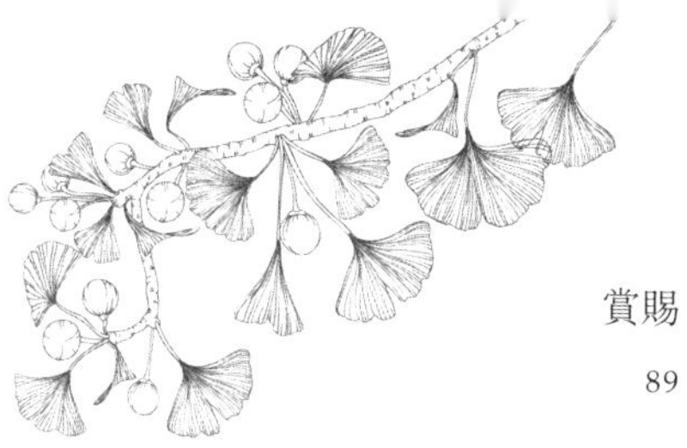

基督的喜樂，我們的回應

我們如何活出基督所賜的喜樂？歡慶！這是喜樂生活的試金石。我們要學會歡慶生命。教會會歡慶諸如聖誕節、復活節這些聖日，我們也會歡慶生日、週年紀念或某些值得念記的日子。但除了這些特別慶典，其實我們更要培養一種常存的意識：每時每刻都是特別時刻，值得我們視之為從上帝而來的恩賜，而上帝時刻與我們同在。如此歡慶，意味著將每一天獻給主，宣告說：「這是耶和華所定的日子，我們在其中要高興歡喜！」（詩一一八24）。

應許

凡屬耶穌的所有，
都已經賜給我們，
等候我們去領受。

《新造的人》
（*Making All Things New*）

看啊，我時時刻刻都與你們同在。

太二十八 20

《新漢語譯本》

跟從耶穌，不等於運用想像力不停念記一位二千年前活過的聖人，將其教訓應用在今時今世。不！跟從耶穌乃是跟從復活的主，祂當下與我們同在，吸引我們歸家，回到不斷與上帝進深交通的路上。

「看啊，我時時刻刻都與你們同在，直到這時代的終結」(太二十八20，《新漢語譯本》)。這是主的應許。上帝是誰？上帝的名字是甚麼？上帝首次揭示祂的名字，是透過燃燒的荊棘向摩西說話。上帝的名字是「我是」(“I am”，出三14，《新漢語譯本》;《和合本》譯為「自有永有的」)。上帝是亞伯拉罕、以撒、雅各的上帝。百姓蒙上帝啟示，知道上帝是與他們**同在**的上帝。上帝來到百姓——就是**我們**——中間，陪伴我們，與我們一起走過荒漠，幫助我們尋找新生。在耶穌身上，我們看見上帝何等認真對待與我們同在這件事。上帝曾經成為我們的一分子，成為完完全全的人，與我們一樣。

然而，上帝還以一個更深邃的方式與我們同在。耶穌告訴我們：「我離開是對你們有益的，因為我離開了，就可以差派我的靈到

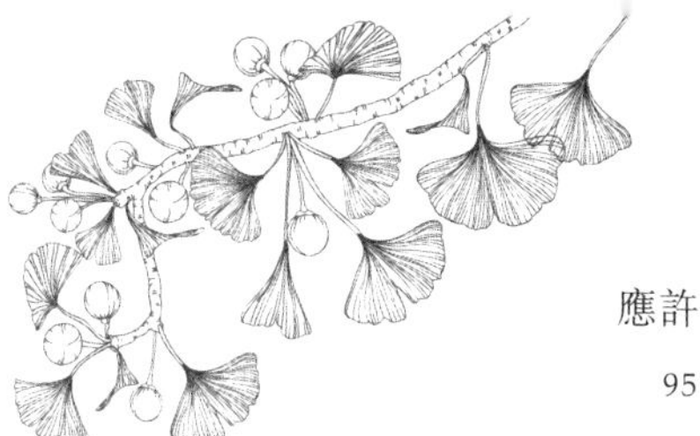

你們中間，住在你們裏面」(參約十六7)。耶穌向我們啟示，上帝盼望以一個極親密的方式與我們同在，以致我們可以說：上帝住在我們**裏面**。「上帝與我們同在」不再單單是上帝與我們同行、與我們一同受苦，上帝更成了我們的呼吸——「我時時刻刻都與你們同在，直到這時代的終結。」我們蒙召成為活生生的見證，將上帝的榮耀顯明於世上。這是莫大的應許——賜下聖靈的應許。

上帝差派聖靈之前，門徒**與基督同行**。上帝差派聖靈之後，門徒開始明白主說過的一切話，他們乃是**行在基督裏**。當門徒明白了基督住在他們裏面、他們住在基督裏面，當門徒能夠宣告「現在活著的不再是我，乃是基督在我裏面活著」（參加二20），一切界限立時被打破，他們可在世上通行往來。基督與我們同在，而我們奉派到普天下去——也就是說，我們無論身處何地，都仍然「在家」，因為我們已經與上帝結連。我們已經住在耶和華的殿中。我們毋須自限於一個家庭、一個羣體、一個環境。我們可以自由**自在**——無論奉派到哪裏去。

屬靈生命之道，在於留心此時此刻聖靈在我們生命中的作為，並信任聖靈會不斷賜予我們新生。屬靈生命之美妙，在於可以隨遇而安。我們毋須到甚麼地方去，我們早已

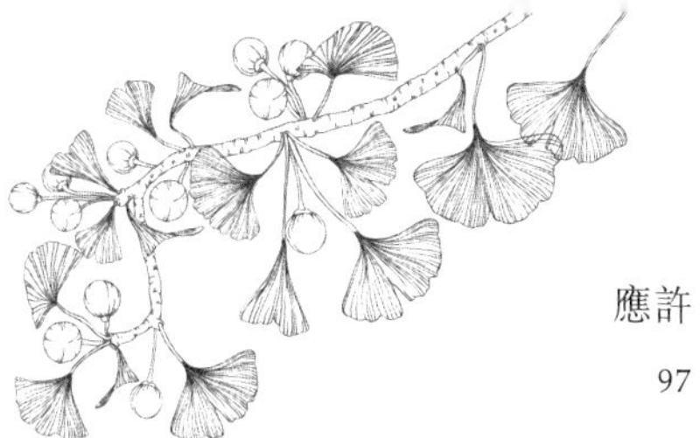

所謂屬靈生命，

乃是真正的自由之所在。

《感恩》
（*¡Gracias!*）

在家了，安心吧。

操練與上帝同在

藉著禱告和服事，我們操練與上帝同在。藉著禱告，我們活在當下，一心聆聽上帝——祂常與我們同在。禱告是專注的操練，專注與上帝在一起。這操練不關乎喋喋不休、高言大智，或某些思維方式，而是意識到自己與上帝同在，並對祂說：「主啊，我在這裏……我愛祢……我知道祢愛我……我想陪伴祢，我想祢陪伴我。」禱告就是這樣簡單。

在禱告中分心，通常反映注意力離開了當下，飛到了過去或將來。我們開始想著昨天發生的事，或擔憂明天可能會發生的事。分心代表我們未能全然活在當下，但我們不要太在意，倒要接受這個事實。不過我們仍須繼續努力活在當下，這是重要的，因為我們知道一個事實：上帝此刻就在這裏。禱告乃是在當下與上帝同在。

服事乃是天國中的任何小小行動。我們在服事中，帶著關懷走向他人。當我們建立了禱告的習慣，又清楚知道上帝此時此刻住在我們裏面，就會少點只顧自己，多點留意他人。我們既然捨棄了「我」去跟從耶穌，就能夠有嶄新清晰的眼光去看他人——能夠看到他們的掙扎、美好、良善。我們心中的聖靈，看得見他們心中的聖靈。在服事他人的行動中，有一種互動（mutuality）出現：聖靈看見聖靈、上帝稱許上帝。因此我們能夠宣告，與被我們服事的人在一起真好，因為他們是上帝的愛活活的提示。

隨著這覺醒不斷加深，羣體開始產生，新生陸續出現。我們的服事行動，變成感恩行動——為著我們在上帝裏經歷到的愛獻上感謝：祂尋找我們，住在我們心裏，邀請我們歸家，賜給我們永生。感恩的心可以救我們脫離一切捆綁——覺得必須改變這人、改

在上帝裏，

我們找到鄰舍，

並發現自己對他們的責任。

《記憶的治療者》
（*The Living Reminder*）

變那事，或必須帶來甚麼成效——因此可以自在地關顧鄰舍、上帝的子民以及世界。

隱藏的工作

我以上帝的家為家，
當我身處眾人的居所時，
仍置身家中。

《鏡外》
（*Beyond the Mirror*）

我將真情告訴你們，

我去是與你們有益的；

我若不去，保惠師就不到你們這裏來；

我若去，就差他來。

約十六7

耶穌離開我們，為叫我們活出祂的生命，組成一個禱告與服事的新羣體。耶穌說：「我離開是為了你們的好處，因為我離開了，你們才會徹底明白我是誰」（參約十六 7～14）。親愛的朋友，這本書也一樣——它的結束，也是為了你們的好處。你們在本書讀了的，或在閱讀期間經歷了的，也許在日後才結出果子。聖靈在你們心底深處動工，此刻你們可能察覺不到。惟願我們耐心等候聖靈更完全地向我們啟示，教導我們如何以上帝的家為家，呼召我們進入新式的羣體，投身嶄新的服事行動。

來跟從我。

太十九21

註釋

1. Henri J. M. Nouwen, *The Road to Daybreak* (New York: Doubleday, 1988), 4.
2. 引自盧雲一九七七年二月二十三日聖灰瞻禮（Ash Wednesday）一篇從未出版的默想文章，輔以出自一九七九年十一月七日的一段默想詩篇四十六篇10節的內容。內文摘自盧雲一九八五年四旬期（Lent）於哈佛廣場（Harvard Square）聖伯多祿天主堂（St. Paul's Roman Catholic Parish）的默想分享錄音。
3. Sergius Bolshakoff, *Russian Mystics* (Kalamazoo, Mich.: Cistercian Publications, Inc., 1977), 253.

4. Martin Luther King Jr., *Strength to Love* (Philadelphia: Fortress Press, 1981), 54.

＊本表所列之書籍為英文版。

盧雲著作引述出處*

本書頁碼 21：*With Open Hands*（2006），頁 39。

本書頁碼 24：*The Way of the Heart*（1981），頁 77～78。

本書頁碼 27：*Can You Drink the Cup?*（2006），頁 112。

本書頁碼 33：*The Road to Daybreak*（1998），頁 68。

本書頁碼 38：*Lifesigns*（1986），頁 39。

本書頁碼 39：*Compassion*（2005），頁 27。

本書頁碼 44：*Finding Our Sacred Center*（2011），頁 14。

本書頁碼 47：*The Inner Voice of Love*（1996），頁 50。

本書頁碼 52：*Behold the Beauty of the Lord*（1987），頁 45。

本書頁碼 53：*Intimacy*（1969），頁 32。

本書頁碼 59：*The Road to Daybreak*（1998），頁 89。

本書頁碼 61：*Letters to Marc About Jesus*（1988），頁 60。

本書頁碼 64：*The Inner Voice of Love*（1996），頁 114。

本書頁碼 67：*The Wounded Healer*（1972），頁 87。

本書頁碼 72：*A Cry for Mercy*（1981），頁 78。

本書頁碼 79：*Jesus and Mary*（1993），頁 17。

本書頁碼 83：*Here and Now*（1994），頁 26。

本書頁碼 86：*The Genesee Diary*（1976），頁 180。

本書頁碼 91：*Making All Things New*（1981），頁 51。

本書頁碼 97：*¡Gracias!*（1983），頁 133。

本書頁碼 101：*The Living Reminder*（1977），頁 31。

本書頁碼 103：*Beyond the Mirror*（1990），頁 60。

盧雲生平

盧雲是享譽國際的作家、備受尊崇的大學教授、廣受愛戴的牧者。他曾就靈命寫書超過四十本，啟迪安慰世界各地無數心靈。自從他一九九六年離世後，有愈來愈多的讀者、作者、研究者，在他的著述汪洋中樂而忘返。他的書已譯成超過二十二種文字，並不斷出版。

一九三二年一月二十四日，盧雲生於荷蘭的奈凱爾克（Nijkerk）。他在一九五七年獲封司鐸。為了加深對人間疾苦的認識，他在一九六四年前赴美國，在梅寧格醫院（Menninger Clinic）修讀宗教與心理學課程。其後他在聖母大學、阿姆斯特丹牧職學院（Pastoral Institute, Amsterdam）、耶魯大學、哈佛大學任教，是極受歡迎的教授。

他的授課與寫作之所以能吸引眾人，與他的熱忱大有關係——他的熱忱，是將自己生命的所有經歷，整合為滿有生氣的靈修神學。他深信這種整合，是當今社會的迫切需要。他的著作總帶著自傳意味，能為讀者提供一扇窗戶，窺探靈性求索路上的喜樂與掙扎。他的靈性觀點具有普世性，可以越過

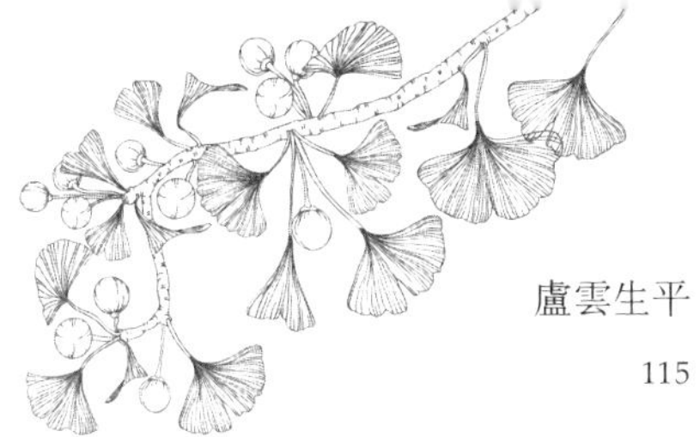

許多界限，啟發來自不同背景的人：華爾街銀行家、從政者、專業人士、祕魯農民、教師、宗教領袖、神職人員、護理人員。

盧雲一生風塵僕僕，講課不絕，題材遍及事奉、關顧、憐憫、復和、苦難、獨處、羣體、善終、死亡。

盧雲總在不斷尋找新意象，去傳達福音信息的深妙，譬如說，他會跑去馬戲團，特意跟高空鞦韆表演者做朋友。就在他突然離世前，他還在思考以馬戲團生活為意象，象徵人生的靈性旅程。他的經典著作《浪子回頭》（*The Return of the Prodigal Son*）將藝術與靈性結合，為福音書中一個古老的比喻，予以當代的詮釋。

他生命的最後十年，住在加拿大多倫多市近郊的方舟團體，與一羣殘障人士一同生活。

盧雲確信個人與上帝的關係，是一切關係的根基，這信念促成「盧雲學會」的成立，旨在創造機會，提供資源，助人追求、實現靈命的成長。

緊扣時代 服事教會

以文字傳揚基督真道

讀者意見表

衷心多謝你購買本社書籍。本社一直致力以出版事工服事教會，幫助信徒扎根於神的話語，促進靈命增長。為使我們的出版更能滿足你的需要，請填寫下列各項資料，並寄回或傳真予本社。

所購書籍：＿＿＿＿＿＿＿＿＿＿

本書最吸引你的地方：
□作者 □適切性 □文筆 □設計 □實用性
□其他：＿＿＿＿＿＿＿＿＿＿

購買本書地點：
□基道書樓 □基督教書店 □非基督教書店

性別：□男 □女 職業：＿＿＿＿＿＿＿＿＿＿

信仰：□基督徒 □非基督徒

年齡：□ 16 歲或以下 □ 17～25 歲 □ 26～35 歲
□ 36～55 歲 □ 56 歲或以上

學歷：□中三或以下 □中五 □預科
□大學 □研究院

□我欲更多了解基道出版社的事工及考慮支持，請寄給我下列資料：
□機構簡介 □新書資料 □基道會員通訊
□《基道文字事工通訊》

姓名：＿＿＿＿＿＿＿＿＿＿ 電話：＿＿＿＿＿＿＿＿＿＿

地址：＿＿＿＿＿＿＿＿＿＿

＿＿＿＿＿＿＿＿＿＿

傳真：＿＿＿＿＿＿＿＿＿＿ 電子郵件：＿＿＿＿＿＿＿＿＿＿

其他意見：＿＿＿＿＿＿＿＿＿＿

＿＿＿＿＿＿＿＿＿＿

多謝賜教！

意見表可以傳真（2687-0281）或直接郵寄以下地址：
香港沙田火炭坳背灣街26號富騰工業中心1011室
基道出版社編輯部收